절창을 꿈꾸다

절창을 꿈꾸다

권현숙 디카시집

창연

차례

제1부_아버지의 봄

다솜	11
선물	12
불황	13
갱년기	14
아이러니	15
가을과 겨울 사이	16
불나비사랑	18
휴애리에서	19
세월의 강	20
비밀	21
해로	22
꿈꾸는 숟가락	23
아버지의 봄	24
너도 꽃	26
미분양	27
희망론	28
그 이유	29
봄의 힘	30
풀꽃시계	32
열려라 꽃길!	33
울타리	34

제2부_안개의 시간

이슬을 읽다	37
그들의 사랑	38
부부	40
어떤 생존법	41
특효약	42
찰나	43
빈집	44
허공에 비친 바다	46
이건 아니죠	47
춘정	48
예측불허	49
노목	50
그곳	52
안개의 시간	53
파꽃, 피다	54
사랑	55
비가 내리면	56
황혼 연가	57
생	58

제3부_혹서기

그때	61
혹서기	62
회한	64
회환 2	65
강	66
소확행	68
사랑을 보다	69
가을 이팝	70
사랑의 힘	71
투명한 등짐	72
고소한 슬픔	74
모를 일	76
발아	77
뒤를 읽다	78
이별	79
비나리	80
봄은 올까	82
명의	83
세류폭포	84
늪에게 묻다	86

제4부_나목 아래에서

동상이몽 89
나목 아래에서 90
빈집 2 92
상흔 93
슬픔의 덩굴 94
못 찾겠다 꾀꼬리 95
장도리 죽비 96
날개 97
입동 무렵 98
고백 99
편도片道 100
고백 2 101
다비식 102
기다림 103
겨울 저수지 104
시린 말 105
업둥이 106
우수와 경칩 사이 107
절창을 꿈꾸다 108
격세지감 109
분꽃나무 꽃이 피면 110

■ **시집 해설**
시를 쓸 것인가? 삶을 쓸 것인가?/ **임창연** 111
■ **작가의 말 / 권현숙** 123

제1부
아버지의 봄

다솜

그대가 보낸
푸른 사랑의 시그널

홀린 듯 보여주고 말았네
뜨거워진 내 심장

※다솜 : 사랑을 뜻하는 순우리말

선물

하늘님
가슴에다 예쁜 브로치 하나
달아 드릴게요

덕분에 이번 생은 잘 살았습니다

불황

어지러운 세상에도 꽃은 피는데
푸석푸석 낡아가는 일터

개나리동 상가 빈 점포마다
바람만 속절없이 드나드네

갱년기

달마다 붉게 꽃 피던 날들 있었네

명자꽃 화르르 꽃불을 질러대도
텅 빈 항아리 속 어둠처럼 캄캄해진 가슴은
허허로움 만발한 봄을 지나네

아이러니

구멍난 양심
이기로 촘촘히 날을 세운 당신에게
꽃방석이 웬 말!

가을과 겨울 사이

빗물 캔버스에
늦가을이 그려놓은 자화상
날 잊지 말아요
당부가 꿈결처럼 깊고 푸르다

불나비사랑

니 가슴팍에
고마 콱,
코 박고 죽어도 좋겠다

휴애리에서

서둘러 당도한 봄
가쁜 숨 몰아쉬며 터지는 매화
소롯한 간이정류장

메마른 그리움조차
애틋하게 조우하고 싶은 봄날

세월의 강

냇물 따라 강물 따라 흘러
송사리 버들치 강준치 휩쓸려 사느라
오래된 기억들을 잊고 살았지
돌아보니 급류에 떠내려가지 않은 그곳에
내 유년이 헤엄치고 있었네

비밀

감춘다고 감춰질까
바람처럼 불어오는 시간
햇살로 비춰드는 진실 앞에
하얀 어둠의 효력은
번번이 오래 가지 못했지

해로

이만하면 잘 살았소
서로의 굽은 어깨 토닥인다

훌훌 다 떠나보내고
비어버린 품속 허허로울까 봐
눈치껏 안겨드는 빗방울들

꿈꾸는 숟가락

뜨겁던 소명
고방에 갇혀버린 지 오래

어둠 속에서 눈물보다 꿈을 품었네

밥상 대신 찻상이어도 좋아라
누군가의 시린 마음 다독여줄 수 있다면

아버지의 봄

겨울 끝자락 즈음
생사의 경계를 다녀오신 후

캄캄한 시간을 지나 돌배나무 아래
꿈인 양 봄 속을 거니는 당신

아, 이토록 고운 봄날 또 있었던가요

너도 꽃

빛깔과 향기
흔들림조차 잊은 지 오래

꽃바다로 뛰어든 너
흠뻑 꽃물이 올라 실바람에도 살랑
다시 흔들릴 수 있기를

미분양

역세권에 학군 각종 인프라까지
두루 갖춘 럭셔리 하우스

눈 깜짝할 새 동이 날 거라더니
소문만 벚꽃처럼 부풀었던가

왕벚꽃도 다 피도록 바람만 다녀가네

희망론

깨진 꿈을 부여안고 울지 마라

무저갱 같은 어둠의 밑바닥에도
또 다른 희망의 씨앗은 묻혀 있을 터

더 간절하게
보다 푸르게 발아할

그 이유

낭자한 햇살
한 올이라도 놓칠세라
허겁지겁 피어나는 꽃송이들

꼴딱, 숨 넘어 갈까 봐
비가 내린다

봄의 힘

지팡이를 꽂아도 새순이 돋고
돌거북 심장에도 피가 돌아

사방천지 화화 터지는 호흡들

풀꽃시계

추억을 퍼올리는 마중물
과거로 흐르는 시계

열려라 꽃길!

저마다의 삶터에서
꽃이 되어라 길이 되어라

한창 봄 속을 거니는
순하고 푸른 꿈들아

울타리

안겨줘서 고마워
안아줘서 고마워요

쑥쑥 피어나는 사랑

한갓진 골목 모퉁이가
生生 푸르다

제2부
안개의 시간

이슬을 읽다

삶의 그물에
촘촘히 맺힌 물구슬들

밥만 탐하며 살지 말고
둥글둥글 곁도 둘러보라고

투명하게 걸어놓은 말씀들 영롱하다

그들의 사랑

짤짤 끓는 한낮
폭염도 어쩌지 못한 저것

벚나무 아랫도리 훤히 드러난 신방

목숨을 담보한
저토록 붉은 사랑이라니!

부부

푸른 날들을 지나
하얀 세월에 닿을 동안
맵고 싸한 눈물이 흘렀지

이제는 달콤하게 익어가는
당신과 당신

어떤 생존법

시류에 휩쓸릴 때마다
독하게 날을 세워야 해

절대 둥글어져서는 안 돼

특효약

울화통엔 '난타'정을 드세요
속이 뻥 뚫릴 거예요

타들던 속의 천불 사그라들고
얼쑤절쑤 이는 신바람

속은 다시 청청해질 거예요

찰나

어둠의 날들은 길고
환희는 짧았지

生과 死의 경계를 넘은 건
눈 깜짝할 새

하필이면 청청시절 한낮이었네

빈집

여름이 지나간 마을에는 빈집들 수두룩하다
텅 빈 몸의 집들

떠나야 할 때 떠나지 못하면
그대로 무덤이 되고야 마는

허공에 비친 바다

밥줄 찾아 귀어한 김씨
던져둔 그물마다 잔챙이만 깔딱깔딱

꿈은 썰물로 쓸려가고
밀물로 들이치는 공허

豊魚歌 대신 한숨만 풍년이다

이건 아니죠

신이시여
곱고 향기로운 찔레장미
저 가시만이라도 제게 주셨어야죠

춘정

눈물나게 고운 것들
어쩌자고 떼로 몰려와
花 花 꽃비로 자지러지는가 몰라

삭정이 가슴에도 꽃물은 번져
없는 님도 보고 싶은 봄날

예측불허

망설이지마 힘껏 두드려 봐
혹시 모르지
그녀 꽃 가슴 활짝 열릴는지

사랑 콩깍지
어디로 튈지 누가 알겠어

노목

물기 마르는 몸
시나브로 삭정이가 되어가도
사력을 다해 퍼올린 수분
보아라 피워낸 온기 몇 알

아버지, 이제서야 당신을 읽습니다

그곳

삶이 죽음을 낳고
죽음이 삶을 짓는 곳

누군가에겐 삶터가 되고
또 누군가에게는 죽음터가 되는

안개의 시간

하늘과 땅의 경계를 지우고
너와 나의 거리마저 지워주네

작달비와 눈보라도 하지 못한 일

가장 조용하고 보드라운 힘이
세상을 지우고 있네

파꽃, 피다

뼈대 없는 대궁으로
빳빳하게 발기하는 푸른 힘이여
알싸하게 터지는 열정이여

네 앞에 엎드려
맵싸한 반성문 몇 장 쓰고 싶구나

사랑

너의 눈웃음에 찔려
심장은 멋대로 날뛰고

마음은 더 이상
마음의 말을 듣지 않았다

비가 내리면

젖을수록 또렷이 돋아나는
그대 생각 여태도 붉어서
기어이 범람하는 그리움
오늘은 찻잔 속 달로 뜨는가

황혼 연가

먹고 사느라 옆 살필 겨를 없었네
푸른 시절 다 지나 붉어진 세월

당신과 나 함께인 듯 따로였네

무른 가슴 되어서야
한 줄 한 줄 당신을 읽네

생

텃밭 가득 깊어가는 알싸한 맛
한소끔 부르르 끓고나면 달큰해지는데

한평생 끓여댄 가슴 속
켜켜이 밴 매운맛 가시질 않네

제3부
혹서기

그때

꿈을 좇아 초록을 버렸어
저만치서 나를 기다릴 것만 같아
천방지방 헤매었지

계절은 저물어 입동 언저리
푸른 시절도 한때라는 걸 알지 못했네

혹서기

파문 하나 일지 않아
질식할 듯한 고요

가시 돋친 말조차 그리웠지

오랜 침묵이 벌려놓은 우리 사이
끝내 좁혀지지 않았어

회한

날개를 잃고서야 나를 되돌아 보네

회한 2

꽃방석 탐하다
가시방석에 앉게 될 줄이야

강

마음이 고요해야 자신이 보인다

강물이 때때로 숨을 죽이는 건
가만가만 제 속을 들여다보기 위해서다

소확행

욕심을 비워내면 누옥도 꽃대궐

*소확행: 작지만 확실한 행복

사랑을 보다

도무지 열릴 것 같지 않던
그 속내는 말랑했던가

모른척 슬쩍
가슴을 열어준 담벼락
따사로운 틈새

가을 이팝

오월의 수로 따라
수많은 이팝꽃이 흘렀지
하얀 그 꽃잎
금빛 되어 다시 만났네

물길 돌고 돌아, 봄 여름 그리고 가을

사랑의 힘

바스러질 듯한 삭신에
여린 목숨 하나 안겨들자
거짓말처럼 뚝딱 세워지는
철옹성 한 채

투명한 등짐

진창 속에 있다고 울기 없기
짊어진 무게 버거워도 좌절 금지

훗날, 그 무게가 나를 살게 했구나
깨달음이 꽃처럼 피는 날
두둥실 가벼워지리라

고소한 슬픔

깨를 털듯 조심조심
깨알 같은 자식들 여태도 애잔하신가

돌아오는 보따리마다
갈퀴 같은 손으로 꾹꾹 찔러주시는
엄마표 사랑 두 병

모를 일

떡잎만 보고는 알 수 없지

어떤 잎을 틔울지
무슨 꽃을 피울지

열매까지는 더더욱 알 수 없지

발아

산달은 멀고
山어미의 잠 아직 깊은데
벌써 꼬물대기 시작한 태아들

엄동에도 움트는 생의 본능
서슬푸른 동장군도 막지 못하네

뒤를 읽다

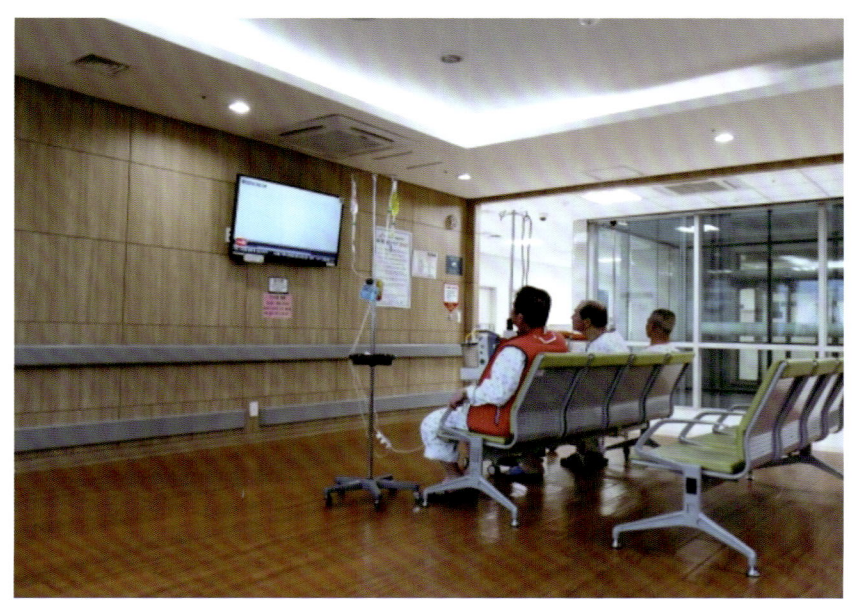

마침표로 향해가는 당신

간당거리는 여백에
가쁜 숨으로 찍어보는 쉼표

풀기 빠진 등마다 말줄임표 가득하다

이별

단단히 질러둔
마음의 빗장만 풀어 달랬지
누가 손까지 아주 놓으랬나

비나리

넘치도록 바라지 말어
고건 욕심이제 소망이 아녀

채워주십사 합장 말고
비워주십사 두 손 모아야 하는 겨

봄은 올까

오장육부 홀딱 까뒤집으면
속마저 캄캄할 것들
속내 들키지 않으려 발버둥치는 세상

바람끝 시린 사거리
투명한 가슴 하나 울고 있다

명의

커다란 흑싸리 한 줄기
삭신에 피어났네

한평생 날이 선 팽팽한 신경줄
이제는 그만 놓아버리고 싶은데

눈치 없는 주인장 이리 또 나를 살게 하시네

세류폭포

까마득히 높은 절벽
가슴을 열고 다가오는 큰 기운에
마음 그늘이 환해지네
큰 비가 내려야 볼 수 있는 물줄기
메마른 눈을 적셔주네

※도선굴: 신라시대 도선국사가 수도하며
  깨우침을 얻었다는 곳으로 구미 금오산에 있다

늪에게 묻다

갈대 둥지 속
누군가 놓쳐버린
꿈 한 알

다시 부화할 수 있을까

제4부
나목 아래에서

동상이몽

훨훨 떠나고픈 너는 바람이 그립고
그만 떠돌고픈 나는 바람이 얄밉고

나목 아래에서

버즘나무 아래에서 한 사내를 생각했네

가슴 가득 일렁이는 바람 소리 퍼내고 싶다고
목탁소리 따라 훌쩍 떠나버렸네
쓸데없이 가슴팍만 우람했던 사내

이제는 고요해졌을까 그 가슴속

빈집 2

물가 뻘흙 위
텅빈 우렁이 껍데기처럼 엎드린
온기로 가득했을 저 몸속

말랑한 알맹이들 다 어디로 갔을까

상흔

꿰매어 아물어도
돋을새김 된 상흔은 통점으로 남는가

도무지 봉인되지 않는 아픈 기억들
실바람 한 줄기에도 날을 세운다

슬픔의 덩굴

떡하니 밥이 되어주고 싶었을
누군가의 희망 하나

넘지 못한 삶의 벽 앞에
엎드려 우네

못 찾겠다 꾀꼬리

무른 가슴 슬쩍 비집고 들어와
깡깡한 그리움 덩이 기어이 발아시키고 마는
비처럼 그렇게 오라

삶의 언저리만 맴돌다
꼭꼭 숨어버린 꿈들아

장도리 죽비

호두를 깨다가
무심코 보게 된 장도리주먹
온통 상처투성이다

못을 박을 때 못만 아픈 게 아니었구나

아, 어머니!

날개

삶의 바다를 유영하던
돛이었네

덜컥, 암초에 부딪힌 순간

죽음의 뻘에 박혀버린
닻이 되고야 마는

입동 무렵

나이테 하나 더 품었으니
좀 쉬어도 좋으리

직립의 삶은 고단했을 터

빈 가지들 그림자로 내려와
오수에 드는 겨울 초입

고백

허투루 끓어서야 안 되지
성마른 나를 자작자작 뜸들여온 세월
무염한 너로 인해 우묵해진 가슴

사랑을 짓는 일은
밥을 짓는 일만큼이나 뜨거웠지

편도片道

시들부들 말라가는 세월 앞을
파릇한 봄 하나 스쳐간다

피는 봄도 시든 봄도
한번 피면 그뿐, 거푸 피지 않는다

고백 2

간다, 봐라*
그분의 말씀 따라
홀딱 벗어두고 갑니다

가진 거라곤 옷 한 벌뿐
이조차도 무거웠거든요

*법정스님께서 임종 시 남기신 말씀

다비식

그는 떠나고
남겨진 옷자락으로
화르르 번지는 불길

뜨겁게 지워질 마지막 흔적

기다림

또 오는 봄
당신도 돌아올까

골골마다 묵묵히 옛 주인 기다리며
늙어가는 빈집들

겨울 저수지

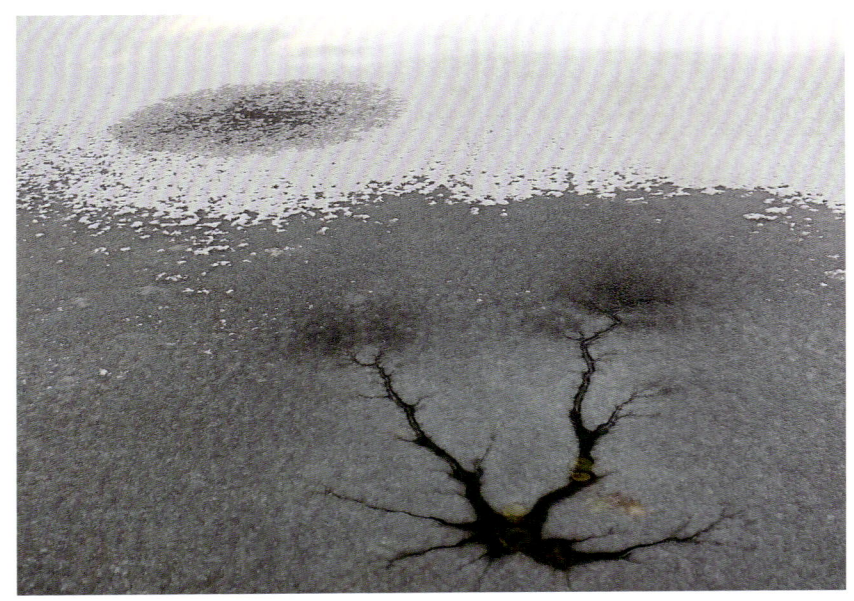

꽁꽁 언 저수지
허공과 물의 경계에
고요히 숨구멍이 열리네

품어안은 목숨들을 위해
어미의 마음으로 틔워주는 숨통

시린 말

응달진 마음 한 구석
시린 말의 씨앗들 숨어 있다

울컥 뒤틀리는 마음의 틈새 비집고 나와
뾰족하게 자라나는 말의 독성은 치명적

따순 햇살로도 치유가 어렵다

업둥이

삭신이 쑤신다던 오동댁
쪼그라든 젖가슴에 찌르르
거짓말처럼 다시
젖이 돌고

우수와 경칩 사이

잔설 품은 골짜기
비는 내려 바람끝 아직 시린데
벌써 눈 뜬 강아지들
행여나 추울세라 마음 급한 봄 어미
잰걸음으로 달려오겠다

절창을 꿈꾸다

금방이라도 닿을 것만 같아
다가서면 저만치 또 달아나버려
좀처럼 좁혀지지 않는 거리

늘 먼 발치만 허락하는 그대여!

격세지감

엄동에도 자라는 거대한 숲
그림자조차 견고해

휘청이지 않는 어지러움

물가에 바투앉아 흔들리던 갈대들
모두 어디로 갔을까

분꽃나무 꽃이 피면

엄마의 코티분 향기
산비알 가득 흘러다니는 봄날

향기 따라 훌쩍
울 엄마 먼 길 떠나실까 덜컥 겁이 나
꽃 얼굴만 봐도 눈물 납니다

■ 시집 해설

시를 쓸 것인가? 삶을 쓸 것인가?

임창연(시인, 문학평론가)

1. 작가의 정체성

작가는 끊임없이 작품을 통해 자신의 이야기를 타인에게 들려주는 사람이다. 기록이라는 방식으로 그 이야기들은 전해진다. 문자가 있기 전에는 구전口傳을 통해 이어져 왔고, 그림으로 이야기를 남기기도 했다. 오히려 문자 이전에는 가까이 다가가서 귀를 기울여 들었다. 그림이라도 남겨져 있으면 무엇일까 하고 세심하게 살폈을 것이다. 지금은 문자의 범람과 기록의 홍수에 갇혀서 다 볼 수가 없고, 다 읽을 수도 없게 되었다. 반면에 과학 문명의 발달로 각종 휴대용 기기를 통해 읽기는 더욱 쉬워졌어도 사람들의 감성은 더욱 고립되고 거칠어져 간다.

미셸 푸코(1926-1984)는 1969년 프랑스 철학회의 회원들 앞에서 발표한 강의록인 「저자란 무엇인가」에서 '오늘날의 글쓰기는 표현의 필요성에서 자유로워졌다는 것이다. 글쓰기는 그것 자체만을 근거로 삼고 있지 내재성의 형식으로 파악되지 않는다. 그러나 반대로 외면성의 전개 내에서 인식된다. 이는 글쓰기가 의미하는 내용보다는 의미하는 것의 성격에 따라 배치된 기호들의 유희라는 것을 의미한다. 그런데 그 또한 글쓰기의 규칙성이 그 한계 쪽으로 시험 된다는 것을 의미하기도 한다. 글쓰기는 자신이 받아들여 사용하고 있는 이러한 규칙을 언제나 위반하고 있고 전도시키고 있다. 반드시 규칙들을 넘어서서 마침내 그 규칙 밖으로 나가고 마는 놀이처럼 글쓰기는 전개된다. 따라서 글쓰기의 핵심은 글 쓰는 행위의 고양된 정서나 한 언어 속으로의 주체의 개입이 아니라 글 쓰는 주체가 끊임없이 사라지는 공간이다.'라고 말했다.

미셸 푸코가 말하는 글쓰기는 끊임없는 진보를 말한다. 좀 더 효과적인 표현 수단을 통해 작가들은 독자들에게 접근하기를 원한다. 그리고 다양한 기록(매체)들을 통해 자신의 작품들이 많은 사람에게 읽히기를 원한다. 아직은 책이라는 보수적인 인쇄물을 통해 작가의 작품들이 남겨지고 전해진다. 과거에는 독자들이 직접 서점을 방문하여 책을 골라 읽었지만, 지금은 인터넷 매체를 통해 더 많은 정보를 받고 온라인 서점을 통해 책을 주문한다. 그것이 시간과 비용 절약에서 꽤 유리하다.

디카시는 시대적 요청과 저자와 독자들의 공감으로 이 자리까지 온 것이다. 아직도 디카시를 폄훼하기도 하는 사람이 있지만, 그것 역시 자신들이 깨어져야 할 부분이지 이론적으로 설득할 시기는 이미 지난 것이다. 그것이 용어의 문제이든지 형식의 문제일지라도 몇 마디의 말로 떠들 것이 아니라 이론적인 논의로 도전할 문제이다. 그것이 오히려 디카시를 더욱 발전시키는 계기가 될 것이기 때문이다. 논란이 있다는 것은 더 단단해지고 발전할 밑거름이 많아지는 것이기도 하다.

　디카시를 처음 시작한 이상옥 교수는 물론이고 디카시를 쓰는 작가들은 디카시 장르란 황무지에서 디카시를 뿌려서 디카시를 거두는 수확자들이다. 그리고 그 기쁨을 알기에 끊임없이 시간과 물질을 들여서 디카시 농사를 하는 것이다. 이번 디카시집 『절창을 꿈꾸다』를 펴낸 권현숙 작가는 수필가이면서 디카시를 통해서 자신의 삶을 표현하는 사람이다. 첫 디카시집을 내었다는 것은 그 가치를 충분히 알기 때문이다. 그리고 작가는 다양한 표현 방법을 통해 독자들에게 자신의 정체성을 알리는 사람이다. 작가는 책을 만들어 발표할 때 비로소 작가라는 진정한 주소 하나를 가지게 되는 것이기도 하다.

2. 여자와 남자 이야기

　이 세상은 사람만이 존재하는 게 아니라 남자와 여자라는 종족이 존재한다. 특히 여자라는 존재는 육체적인 면에서 남자와는 차별성을 가진다. 그래서 달마다 생리를 하고 생리를 하는 동안에는 생명을 잉태할 수 있는 특권을 가지기도 한다. 그래서 달은 가장 여자와 밀접한 관계를 가지고 있다. 그래서 생리를 하는 시기를 달거리라고 부른다. 또한, 달이 초승달에서 보름달이 되고 보름달에서 그믐달이 되는 모양은 여자가 임신하여 배가 불러가는 모습을 상징적으로 보여 주는 것이다. 아울러 생리 주기도 달의 시간에 맞물려 있기도 하다. 디카시 「갱년기」는 여자가 일생에 한 번 맞닥뜨리게 되는 상실의 아픔을 이야기하고 있다.

달마다 붉게 꽃 피던 날들 있었네

명자꽃 화르르 꽃불을 질러대도
텅 빈 항아리 속 어둠처럼 캄캄해진 가슴은
허허로움 만발한 봄을 지나네
― 「갱년기」

아버지라는 이름은 여자가 만나는 첫 남자이다. 그래서 어린 시절 경험의 기억에 따라서 남자에 대한 온전한 인상으로 남아서 일생에 지대한 영향을 미치기도 한다. 그러기에 무한한 사랑의 대상이 되기도 하고 애증의 대상이 된다. 그것이 지나쳐 불신의 관계로 형성되면 혐오의 대상으로 자리를 잡을 수가 있다. 다행히 작가의 아버지는 나이가 들어서 감사와 애련의 자리를 지나고 있다. 그리 오래되지 않은 시간에 건강상의 문제로 생의 고비를 넘기신 상태이다. 그러나 지금은 건강하시니 얼마나 고마운 일인가! 그래서 아버지의 봄이 더욱 찬란하고 아름답게 보였다. 첫 남자 아버지가 환생의 봄을 지나고 있다.

겨울 끝자락 즈음
생사의 경계를 다녀오신 후

캄캄한 시간을 지나 돌배나무 아래
꿈인 양 봄 속을 거니는 당신

아, 이토록 고운 봄날 또 있었던가요
- 「아버지의 봄」

남자와 여자가 만나 가족을 이루는 것은 한 나라가 이루어지는 것과 같다. 만약 그러한 관계가 건강하지 못하고 파괴가 되면 그 나라는 결국 무너지게 되어 있다. 잘 사는 나라일수록 가족이라는 울타리도 튼튼하다. 작가의 어머니 아버지는 단란하게 익어가는 중이다. 부모의 삶은 자식들에게 그대로 이어지게 된다. 행복하고 단란한 가정에서 자란 자녀들은 대부분

무리 없이 든든한 가족 구성원으로 만들어진다. 부부의 알콩달콩한 모습에서 작가의 가정 모습도 반영되고 있으리란 생각을 해 본다.

푸른 날들을 지나
하얀 세월에 닿을 동안
맵고 싸한 눈물이 흘렀지

이제는 달큰하게 익어가는
당신과 당신

— 「**부부**」

3. 사랑한다는 것은

  작가의 글은 마음에 담겨있는 생각들이 흘러나와 문장을 적시고 있다. 비가 내려도 맛있는 음식을 먹어도 제일 먼저 생각으로 함께 하는 사람이 있다. 특히 비가 내리는 날은 마른 기억들도 촉촉하게 젖어서 추억도 움트는 날이 된다. 찻집에 앉아서 차를 마시는데 갑자기 떠오르는 사람이 있다면 생각의 지문에 기록된 사람이다. 비가 내리는 데도 찻잔 속에 달이 뜨다니, 그게 바로 그대라는 사람이다. 달이야 어딘들 못 뜨겠는가! 그대가 있는 곳이 하늘이고 우주인데 말이다.

젖을수록 또렷이 돋아나는
그대 생각 여태도 붉어서
기어이 범람하는 그리움
오늘은 찻잔 속 달로 뜨는가

- 「비가 내리면」

사랑과 이별은 떼려야 뗄 수 없는 운명 같은 쌍둥이다. 아무리 이승에서 행복하고 열렬히 사랑해도 이별은 다정한 친구처럼 다가와 속삭인다. 이제는 떠날 때가 되었다고 말한다. 이별한다는 것은 사랑의 계약서를 다시 돌려주는 것이다. 돌려주지 않아도 반드시 시간이라는 통지서가 날아든다. 아무리 따뜻한 손이라도 놓아주고 기억만을 남겨야 한다. 그래서 이별은 늘 아프다.

단단히 질러둔
마음의 빗장만 풀어 달랬지
누가 손까지 아주 놓으랬나
- 「이별」

　아직도 사랑할 시간이 남아 있고, 사랑할 사람이 곁에 있다면 최선을 다해서 사랑해야 한다. 세상에 가장 지고지순한 사랑이 있다면 그건 어머니 사랑이 아니겠는가? 여자는 시집을 가면 엄마의 마음을 알고 아이를 낳으면 더더욱 잘 알게 된다. 여자는 출가외인이라 말하지만, 요즘은 시집을 가도 친정을 시댁보다 더 많이 드나드는 세대가 되었다. 특히나 시골에 친정을 둔 딸들은 농산물 수확 시기가 되면 소주병에 참기름이며 친정에서 바리바리 싸준 먹을거리를 가득 싣고 온다. 친정의 부모는 자신들의 먹거리보다 자식들을 위해 농사를 짓는다는 말이 맞을 것 같다. 더 이상 큰 사랑의 표현이 또 어디 있을까?

깨를 털듯 조심조심
깨알 같은 자식들 여태도 애잔하신가

돌아오는 보따리마다
갈퀴 같은 손으로 꾹꾹 찔러주시는
엄마표 사랑 두 병

－「고소한 슬픔」

4. 멈추지 않을 노래들

　디카시는 즉흥적이고 찰나적으로 만나지는 작품들이 정통이라고 말할 수 있다. 일반시처럼 두고두고 문장을 만지는 것은 디카시로서의 맛을 잃었다고 볼 수 있다. 펄떡펄떡 뛰다가 잡혀서 접시에 올려진 싱싱한 생선회처럼 써져야 한다. 그런 시가 진정한 디카시라고 말할 수 있다. 남들이 모를 것 같지만 대체로 보면 알 수가 있다. 그게 바로 쓰인 건지 묵혀 둔 사진에다 문장을 붙여놓은 건지 말이다. 좋은 디카시가 제대로 만들어지려면 사진이 먼저라고 말할 수 있겠다. 그것은 보는 눈이 먼저 열려야 한다는 말이다. 권현숙 작가의 디카시 「가을과 겨울 사이」는 사진 자체로도 탁월하다. 흔히 반영이라고 불리는 사진이다. 이런 장면을 발견하는 것도 타고난 것일 수도 있겠지만 보는 눈이 열려야 한다. 더군다나 빗물에 고인 캔버스라니 더욱 놀랍다. 작가는 충분한 사진의 수련도 거쳤다는 증거라고 생각한다. 가을과 겨울 사이가 짧다고 하지만 이 디카시에서의 행간은 참으로 깊고 먼 생각이 자리하고 있다.

빗물 캔버스에
늦가을이 그려놓은 자화상
날 잊지 말아요
당부가 꿈결처럼 깊고 푸르다

- **「가을과 겨울 사이」**

아주 예쁘고 아름다운 걸 보면 왠지 슬프고 눈물이 나는 경우가 있다. 흔히 찬란한 슬픔이라고 부르기도 한다. 작가는 예쁜 분꽃들이 무더기로 피려는

걸 보고 가슴이 덜컥 내려앉았다. 꽃은 피면 지는 것이 운명이듯이 사람도 화려한 때가 지나면 가야 할 시간이 다가오는 것이다. 그래도 어쩌나, 꽃은 매년 피고 지지만 엄마는 꽃보다 힘이 세고 늘 씩씩하기만 해 보이는걸요.

엄마의 코티분 향기
산비알 가득 흘러다니는 봄날

향기 따라 훌쩍
울 엄마 먼 길 떠나실까 덜컥 겁이 나
꽃 얼굴만 봐도 눈물 납니다
　　　　　　-「분꽃나무 꽃이 피면」

 권현숙 작가의 원고로 해설을 쓰려고 작품을 고르려다 보니 이 작품도 쓰고 싶고 저 작품으로도 이야기를 쓰고 싶을 정도로 좋은 작품들이 많았다. 일부의 작품만 다루려니 아쉬움도 많았다. 그만큼 작가의 디카시 수준이 고르고 좋다고 말할 수 있겠다. 잘 써진 디카시 한 편을 만난다는 것도 참으로 기쁜 일이다. 그런데 받아든 원고에는 많은 빛나는 작품들이 있어서 읽는 시간 내내 즐거웠다. '절창을 꿈꾸다'는 말처럼 누구나 아름다운 노래를 부르고 싶지만, 누구나 명창이 될 수는 없다. 권현숙 작가는 디카시집 『절창을 꿈꾸다』를 통해 디카시의 명창 반열에 들어선 것이다. 독자들도 이 디카시집을 읽는 동안 충분한 공감을 하리라 생각한다. 끝으로 「절창을 꿈꾸다」를 소개하며 마무리를 하고자 한다.

금방이라도 닿을 것만 같아
다가서면 저만치 또 달아나버려
좀처럼 좁혀지지 않는 거리

늘 먼 발치만 허락하는 그대여!
— 「**절창을 꿈꾸다**」

작가의 말

무심코 지나쳤던 일상과 풍경들이
비어버린 내 사유의 그물에
하나 둘씩 걸려 들어와
낯설게 팔딱이기 시작했다

눈이 번쩍 뜨이고
귀가 활짝 열리는 날들이 늘어났다
덩달아 일렁이는 가슴으로
그 순간들을 놓치지 않으려
셔터를 누르고 자판을 두드렸다

서툰 그물질로 건져 올린 게
잔챙이뿐이라 할지라도 괜찮다
작고 낮은 것들에게 눈길을 주고 귀를 열고
가슴을 트는 일이 한결 익숙해졌으니
사유의 폭도 보다 넓고 깊어지리라

수조에 갇혀 답답했을 잔챙이들
세상이란 바다에 조심스레 풀어놓는다.

2020년 6월 권현숙

창연디카시선003

절창을 꿈꾸다

2020년 6월 6일 발행

지 은 이 | 권현숙
편 집 인 | 이소정
펴 낸 이 | 임창연
펴 낸 곳 | 창연출판사
주   소 | 경남 창원시 의창구 읍성로 39
출판등록 | 2013년 11월 26일 제2013-000029호
전   화 | (055) 296-2030
팩   스 | (055) 246-2030
E-mail | 7calltaxi@hanmail.net

값 12,000원
ISBN 979-11-86871-76-8   03810

ⓒ 권현숙, 2020

* 이 책의 판권은 저자와 창연출판사에 있습니다.
* 양측의 서면 동의 없이 무단 전재나 복제를 금합니다.
* 이 도서의 국립중앙도서관 출판예정도서목록(CIP)은 서지정보유통지원시스템 홈페이지(http://seoji.nl.go.kr)와 국가자료종합목록 구축시스템(http://kolis-net.nl.go.kr)에서 이용하실 수 있습니다.
(CIP제어번호 : CIP2020020991)